**Lerne ein Gedicht, Lied oder Gebet in einer Fremdsprache auswendig.**

沈んだ月夜の楊の木の梢に
二つの星が逆さまにかかる
(昴がそらでさう云ってる)
オリオンの幻怪と青い電燈
また農婦のよろこびの
くましも青い頬
風は吹く吹く、松は一本立ち
山を下る電車の奔り
外に立つらはねとばされる
木をきった

## BITTE BEACHTE

**Diese Karten setzen ein gewisses Maß an gesundem Menschenverstand und Vorsicht voraus. Laurence King Publishing und die Autoren übernehmen keinerlei Haftung für die Konsequenzen, die sich aus dem Gebrauch oder Missbrauch der Karten ergeben.**

**Shuku Nishi ist Illustratorin und Malerin. Sie lebt in Kyōto und Tottori, Japan. Ihre Arbeiten finden sich in Büchern, in der Werbung, in TV-Spots, auf CD-Covern und Verpackungen. Sie lässt sich von der Natur inspirieren und beschäftigt sich mit Blockdruck, Ölmalerei und dreidimensionalen Arbeiten.**

**Vergleiche den Geschmack eines deiner Lieblingsgerichte an unterschiedlichen Orten. Drinnen oder draußen. In einem Restaurant, Schlaf- oder gar Badezimmer. Bei blendendem Sonnen- oder weichem Kerzenlicht.**

**Erfahre den Geruch und Geschmack nahenden Regens, Hagels oder Schnees sowie die Reaktionen deines Körpers bei einem drohenden Gewitter.**

**Es gibt vier grundlegende Geschmacksrichtungen: süß, salzig, sauer und bitter. Die japanische Wahrnehmung von umami wird mittlerweile als die fünfte akzeptiert. Kannst du alle fünf erkennen?**

**Suche dir einen sicheren Ort an einer belebten Straße, schließe deine Augen und spüre den stillen Momenten inmitten des Verkehrs nach. Lerne, den Puls der Stadt in dir aufzunehmen.**

**Beobachte die Spieler,
nicht den Ball.**

**Zeichne eine Szene aus einem Traum, an den du dich aus deiner Kindheit oder aus längst vergangenen Zeiten erinnern kannst. Zeige sie niemandem.**

**Nimm das Lachen eines geliebten Menschen oder das Schnurren, Bellen oder Zwitschern eines zufriedenen Haustiers auf. Höre dir die Aufnahme in Krisenzeiten an.**

**Erlebe Kunst mit deinem ganzen Körper. Nimm die Farben und Formen, die Texturen und die Energie, mit der sie gemacht wurde, in dir auf. Spüre den Boden unter deinen Füßen, die Fläche um das Werk, die Geräusche im Raum.**

**Lerne etwas Neues mit dem Messer: Würfeln, Julienne, Chiffonade. Vergleiche, wie die unterschiedlichen Formen garen und welche Geräusche sie in der Pfanne machen, und wie der Schnitt den Geschmack der Zutaten beeinflusst.**

**Benutze einen ganzen Tag deine nicht-dominante Hand, um vertraute Aufgaben auszuführen: kämme deine Haare, benutze deinen Schlüssel, rufe den Aufzug, berühre deinen Partner.**

**Gehe bei schlechtem Wetter nach draußen. Was ist schlechtes Wetter überhaupt?**

**Denke über die Dinge nach, die du unbewusst und immer wieder erledigst. Eine Kartoffel schälen. In einem Topf rühren. Das Laken glattziehen. Genieße das Wissen deiner Hände. Die Würde, die dem Ganzen innewohnt.**

**Wechsle von einer extremen Temperatur zur anderen.**

**Trage farbenfrohe Kleidung, um deine Laune zu heben. Achte auch darauf, wie du dadurch auf andere wirkst. Gute Laune ist ansteckend.**

**Welcher Geschmack oder Geruch versetzt dich mit einem Schlag in deine Kindheit zurück oder weckt andere kostbare Erinnerungen?**

**Suche eine neue Zutat aus und mache sie zum Mittelpunkt deines Gerichts.**

**Stelle dir das nächste Mal, wenn du gern etwas in den sozialen Medien posten würdest, das Bild und den Text vor. Schreibe es stattdessen in ein Notizbuch.**

**Iss einen ganzen Tag nur Lebensmittel derselben Farbe. Wie beeinflusst diese Farbe deine Laune und deinen Blick auf die Welt? Kann man jemals zu viel von einer Farbe haben?**

**Finde etwas, das wild wächst. Achte auf die Wurzeln, die es schlägt, und wie sie am Boden haften. Manchmal sind sie flach und verzweigt, manchmal vereinzelt und tief.**

**Verfeinere deine Nase. Bewahre Einweckgläser mit unterschiedlichen Duftstoffen auf und rieche abwechselnd bewusst jeden Morgen und Abend an ihnen. Integriere die Düfte in dein Leben.**

**Sitze ganz still und schließe die Augen. Was hörst du? Welche Geräusche filterst du für gewöhnlich aus? Das Ticken der Uhr. Das Brummen des Kühlschranks. Das Tropfen des Wasserhahns. Das Zwitschern der Vögel.**

**Verbringe mehr Zeit barfuß. Draußen. Im Gras. Welchen Teil deines Fußes setzt du bei jedem Schritt als erstes auf? Welcher Teil hebt als letztes wieder vom Boden ab?**

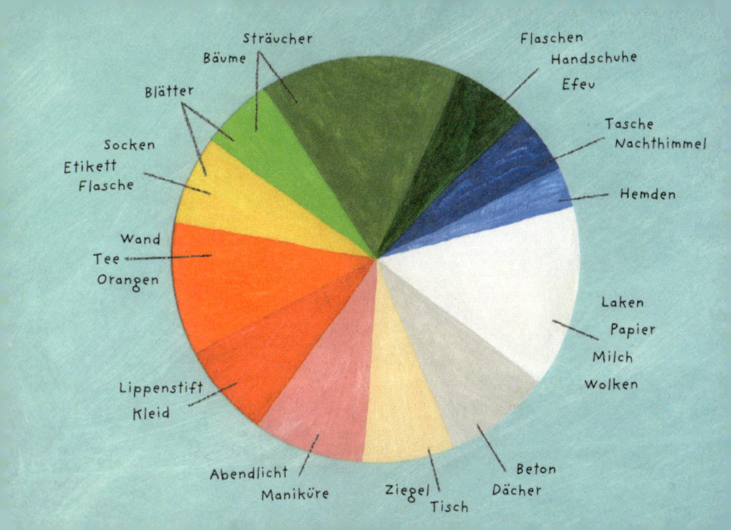
Sträucher
Bäume
Blätter
Socken
Etikett
Flasche
Wand
Tee
Orangen
Lippenstift
Kleid
Abendlicht
Maniküre
Ziegel
Tisch
Beton
Dächer
Laken
Papier
Milch
Wolken
Hemden
Tasche
Nachthimmel
Flaschen
Handschuhe
Efeu

**Erstelle einen Farbkreis für die Welt um dich herum. Welche Farbtöne definieren deinen Tag? Welche Kombinationen machen für dich keinen Sinn?**

**Schule deinen Tastsinn, indem du einen Alltagsgegenstand in die Hand nimmst und erforschst. Fange mit etwas Kleinem an. Fühlst du, wo oben und unten ist, hinten und vorn? Spürst du irgendwelche Rillen, Riffel oder Kerben?**

**Gehe nicht zwei Tage hintereinander denselben Weg. Arbeit, Schule, Freizeit – finde neue Wege und gönne dir etwas Abwechslung.**

**Nimm dir Zeit am Morgen: Stelle den Wecker früher und beginne den Tag, wie du es möchtest. Lies ein Buch, während du die erste Tasse Kaffee trinkst. Gehe spazieren und beobachte, wie die Welt erwacht. Wirf erst danach einen Blick auf dein Handy.**

**Betrachte deine Umgebung durch die Augen eines Touristen. Wie offenbart sich dadurch das Alltägliche in der Architektur, Landschaft, Geschichte oder Geografie?**

**Achte auf alle Stufen, Gefälle, Lücken und sonstige Höhenveränderungen. Was wäre, wenn du diese Höhen und Tiefen nicht überwinden könntest? Würde es deinen Blick auf das, was du schön findest, verändern?**

**Gehe zu einer Uhrzeit in deinen Lieblingspark, zu der du das sonst nie machst.**

**Welchen Mindestabstand zu anderen Menschen benötigst du, um dich wohl zu fühlen, vor allem auf deinem Weg zur Arbeit? Was passiert, wenn du anfängst, diesen Abstand leicht zu verändern?**

Lass dich im Wasser treiben.

**Welcher Löffel ist perfekt für dich? Stelle ihn dir vor. Fühlst du seine Kontur? Wie hältst du ihn? Wie liegt er in der Hand?**

**Lerne ein Rezept auswendig. Bereite es immer wieder zu, bis du es im Schlaf kannst. Optimiere es, bis es deiner Vorstellung von Perfektion entspricht.**

1
2
3
4
5
6
7
8
1
2
3
4
5
6
7

**Lerne den Aufbau einer Blume. Oder den eines Fotokopierers. Oder eines Schuhs.**

CHOCOLATE
85%
Chocolate
CHOCOLATE
CHO
COLA
TE

**Verkoste alltägliche Lebensmittel: Schokolade, Käse, Joghurt. Ganz egal. Ketchup. Vergleiche so viele Versionen wie möglich. Was unterscheidet sie voneinander?**

〒689-2101
鳥取県東伯郡北栄町
江北 913-11
micpump 様

**Wirf etwas in einen Briefkasten ein, am besten einen Brief an einen Freund. Wie fühlt sich das Loslassen an?**

**Suche dir draußen einen Unterschlupf, wenn es regnet. Spüre dem Gefühl des Drinnenseins und der Grenze zwischen „drinnen“ und „draußen“ nach. Genieße das Dazwischen.**

**Lebe mit Pflanzen. Kümmere dich um sie. Beobachte ihr Wachstum. Schätze ihren Beitrag zu deinem Leben.**

SAFETY MATCHES

**Schreibe oder zeichne deine größte Angst auf. Dann zerreiße sie, verbrenne sie oder wirf sie in den Müll.**

**Verbringe Zeit auf einem Friedhof. Würdige deine eigene Vergänglichkeit.**

**Wenn du ein Urlaubssouvenir hast, nimm dir Zeit, es in die Hand zu nehmen und eine bestimmte Erinnerung an den Ort wachzurufen. Die Temperatur, die Tageszeit, das Licht, den Boden unter deinen Füßen. Geräusche.**

**Was läutet für dich die Jahreszeiten ein?**

**Denke 5 Minuten über etwas nach. Wann fühlt sich die Zeit lang, wann kurz an? Lerne, diese Zeitspanne einzuhalten, ohne dich der Erfahrung zu entziehen oder an ihr festzuhalten.**

**Halte dich selbst auf eine beruhigende Art fest.**

**Lies ein Buch oder sieh einen Film, um einem Freund davon zu erzählen. Was würde ihn interessieren? Wie beschreibst du das Gefühl, das du hattest? Wie verschiebt und schärft dieser Perspektivwechsel deine Aufmerksamkeit?**

**Entledige dich deiner Uhr.**
**Wache ohne Wecker auf,**
**iss, wenn du hungrig bist,**
**dusche, wenn dir danach ist,**
**oder lass es einfach.**

Natural
deodorant
PRORASO

**Lass die Gerüche des Tages wiederaufleben. Wie hat es gerochen, als du aufgestanden bist? Wie, als du eingeschlafen bist? Lass nichts aus.**

**Richte deine Aufmerksamkeit auf einen Gegenstand. Starre ihn so lange an, bis er dir fremd vorkommt.**

**Salze vorsichtig und nach Geschmack. Lerne zu erkennen, wann die Zutaten am meisten nach sich selbst schmecken, bevor sie zu salzig werden.**